PEYROT ET MENIION,

OV

TABLEAV DES

MINISTRES DE BEARN.

SECONDE PARTIE.

CONTENANT REFVTATION D'VN

libelle intitulé l'innocence des Pasteurs des
Eglises reformées de Bearn.

A AVIGNON,
Par EYSERP DE CARPENTRAS.
1618.

PRÉVÔT ET MÉNIOR

OU

TABLEAU DES

MINISTRES DE BERLIN,

SECONDE PARTIE.

CONTENANT [illegible]
[illegible]
[illegible]

A AVIGNON,

DE L'IMPRIMERIE DE [illegible]

1779

MENTION A PEIROT.

VA Peyrot, en la fleur de ton aage; produis toy hardimēt aux yeux de tout le monde. Fay entendre a tō
pays, & dela à toute la France quels monstres les Diables
incubes ont engendré en ceste contrée. Tous les bons subiects du Roy t'atendent auec impatience d'amour: tous les
rebelles pasliront d'effroy à ton arriuée. Le Parlement de
Pau fidele à son Prince entrant par toy en esclaircissement
de la doctrine felonne des Ministres, entrera au moins à
ce coup au iuste ressentiment qu'il doit auoir des atrocitez
& outrageuses insolences que leur discours de Londres
a vomy contre sa Majesté. Ma tremblante vieillesse m'ex-
cusera si ie ne fais pas retentir mes plaintes dans le Temple de Iustice pour esmouuoir sainctement les pierres viues
de ce bastiment, ny ma voix parmy le peuple pour le détrom-
per. Va courageusement Peyrot, s'il me reste quelque peu
de vigueur, ie ne demeureray point inutile, si tu és le Iosué
pour le moins ie seray le Moyse. A Dieu.

P. AV PEVPLE HVGVENOT.

Peuple Huguenot, i'ay les entrailles d'amour pour toy
cóme S. Paul auoit pour le peuple Iuif, pour la conuersion duquel il voulait estre faict anatheme. Sois d'vo aise que
ie te coniure de desiller la paupiere de tes yeux pour voir la
peruersité de la doctrine de tes Ministres, & la mōstrosité de
leur vie; ils desment et sauuēt celle la, & pallient tousiours
ceste cy, & en l'vne & en l'autre ils sont des insignes hypocrites & forcenès contre ton Prince; ou leur crime est
plus cogneu, ils se targuent en Pharisiens plus audacieu-
sement de l'innocence; ou leur felonnie est plus descouuerte, ils feignent en Iudas plus impudemment la fidelité. Si
tu n'y prends garde, ils te rendent insensiblement partisan
de leur malice; cela arracheroit de mes yeux larmes de
sang de te voir entrainé comme criminel & felon, par ta
lasche condescendence aux passions de ces boute-feux. Ie
te parle cordialement & franchement, qui suis ton com-
patriote, comme fidelement ie t'offre la seconde partie du
tableau de ces Predicans de faussité & de matinerie. A
Dieu.

PEYROT ET MENIION OU TA-
bleau des Ministres de Bearn.

SECONDE PARTIE.

P.

PErdiu pute la boulets; tou i ac bey. Aquet homy nou
a ny bras ny cames; ett nou la contentera pas, ett es
un letre-herit.

M.

Et quel abord est le rien, Peyrot.

P.

Meniion, chacun a son tour. Dernierement tu
m'entretenois des Ministres de ce païs, ie t'en veux
entretenir a present; on m'a donné vn discours intitulé, *l'innocence des Pasteurs des Eglises reformées de
Bearn*, que Charles Ministre d'Orthes à faict impri-
mer, (comme il est aisement croyable a cause de la
bassesse de son style) contre nostre dialogue. Aussi
tost que i'ay commence a lire ce libelle ie me suis sou-
uenu en soubs-riant de la franchise senatoire de Monsieur de l'Andresse, qui estant appellé à la deliberal-
tion du mariage de ce predicant & par honneur & en
qualité de parent de la fille qu'il recherchoit, dict
publiquement à toute l'assemblee.*Perdiu pute la boulets, tou i ac bey Aquet homy nou a ny bras ny cames, ett*

nou la contentera pas, ett es vn lettre-heril

Comme ce venerable vieillard dict que le Ministre estoit tout fané sans vigueur, & sans force pour satisfaire au desir de sa femme, ie dis de mesme qu'il est tout eslanqué, trainât & errené sans bras contre nous, & sans iambes pour nous eschaper. Ayés vn peu de patience, sire Meniion, vous aurez le plaisir de la curée de ce Cerf maleficié en son corps, spadon en son esprit, & carolus de 13. baquettes pour tout, qui est iustement le compte des pets.

M.

Dis moy donc ce que c'est excrement des Ministres a exhalé a leur nom contre nous.

P.

Meniion, vous auiez dict que selon la doctrine des Ministres la continence estoit impossible, & il respond trois choses en la page 9. & 10. 1. qu'elle est possible, 2. que plusieurs parmy eux repriment la concupiscence de la chair 3. qu'ils ont infinis exemples de chasteté irreprochable.

Touchant le premier que la continence soit possible selon la religion des Ministres, c'est escriuain ment. Car Luther en l'esp. qu'il escrit à l'Archeuesque de Mogunce dict formelement que *si Dieu ne fait miracle faisant de l'homme vn Ange, il est impossible que l'homme viue sans femme, s'il ne veut encourir l'ire & l'indignation de Dieu.* Et au sermon du mariage il escrit que *comme l'homme ne peut changer son sexe, aussi ne peut-il*

se passer de femme, que ces mots, croissez & multipliez sõt
vn precepte, & plus que precepte, qu'auoir ieu auec les
femmes est vne chose necessaire, voire plus necessaire que
le manger, boire, cracher, dormir.

Comment est-ce donc que les MM. osent a present soustenir que la continence est possible contre
les assertions dogmatiques de Luther, que tous les
Huguenots aduoüent pour vn Docteur orthodoxe,
que Beze en ses pourtraicts appelle *l'homme suscité de
Dieu par grande merueille pour repurger l'Eglise, pour pre-
senter au monde la lumiere de l'Euangile, homme a qui
l'Eglise reformée est autant redeuable, qu'à aucun autre,
qui ait esté despuis plusieurs cētaines d'années?* Si cest hõ-
me en reformant l'Eglise, en portant au monde la
lumiere de l'Euangile suscité de Dieu par merueille
pour cela, dict qu'il est aussi necessaire, voire plus necessaire d'auoir femme que de boire, que de manger,
que de cracher, que de dormir, n'est il pas euident
selon les fondements de la pretendue religion que la
continence est impossible, & consequemment qu'en
la faction de ce party il ny auroit que vilenie & saleté,
si les religionnaires n'estoient moins mauuais que
leur religion?

Il est aysé a monstrer clairement que tous les Ministres sont de l'opinion de Luther, car ils tiennent
tous que *la garde des commandemens de Dieu est impossible.* Caluin en l'Antidote du Con. de trente sess. 6. c.
12. dict expressément que *les Patriarches, Prophetes,
& Roys pieux quelque assistance qu'ils eussent de l'esprit
de Dieu n'auoient pas eu assez de force pour porter le ioug*

de la loy. Le mesme 16. *Il me suffit abondamment qu'il n'y a iamais eu personne, qui aye satisfaict à la loy de Dieu, & qu'il ne s'en peut trouuer aucun.*

Au petit Catechisme le Ministre demande, *Quand Dieu t'a donné son sainct Esprit peux tu parfaittemens accomplir les commandemens? L'enfant respond. Nenny pas.*

L'indice des lieux communs de toute la Theologie Huguenotte coulus à la fin de la Bible imprimée à la Rochelle l'an 1616. dict que *Dieu nous ayant donné son sainct Esprit, ne nous laisse pas plus conduicte de nous mesmes, mais nous conduit tousiours par sa bonté* nonobstant tous ces priuileges les fideles ne pouuans parfaitement accomplir la loy de Dieu.

Si par article de foy huguenotte les commendemens ne peuuent estre gardés, non pas mesme auec l'assistance & conduicte du S. Esprit comment escriuent auiourd'huy les MM. de Bearn que la continence est possible. Quoy la concupiscence n'est elle pas defendue par la loy de Dieu? si elle est defendue qui rend l'obseruation de ce precepte possible puis mesme que le S. Esprit à les reins foibles pour cest effect? *Le moindre commandement de la loy est plus pesant que la montagne Ætna,* dict Caluin en l'antidote du Con. fess. 6. c. 12. Il est donc plus aysé de remuer vne montagne que d'estre sans le peché de concupiscence. Que si tout le monde confesse qu'on ne sçauroit esbranler l'Ætna, il s'ensuit que le moindre commandement est in-obseruable.

De ceste creance d'impossibilité à garder la loy de
Dieu

Dieu & sur tout la continence est sorty cest abbaye-
ment furieux côtre le cœlibat des Prestres, que Caluin au 4. de ses Inst. c. 12 §. 23. appelle meschante
tyrannie: de la ce desgorgement impudent des effron-
tés & infames reproches que la calomnie a suggeré
en tout temps aux Ministres contre les Religieux. De
la ceste instante & importune demande que vous faisoit ô M M. il y a quelque temps vn petit Moyne des-
froqué, qui estoit frais despouillé de luy donner à femme la fille de feu Cartier, & en Ministere la cinquies-
me classe de vostre College erique, vous promerant
foy d'Apostat de faire son deuoir tant enuers la fille,
qu'enuers Despautere.

L'experience monstre assez que vous ne croyez
point la continence estre possible. Car si elle l'estoit,
ne se trouueroit il pas qu'elqu vn d'entre vous qui en
feist profession. Produisez en vn seul, si vous ozés, ie
vous monstreray que le Diaire du feu Lacu de Lascar
n'est point perdu, qu'il y a encore prou d'obiects pe-
remptoires pour confondre vostre impudence, si vous
en auez iusques à ce poinct que de nommer quelqu vn d'entre vous qui soit continent.

Luther au liu. des vœux Monastiques ne peut en-
durer qu'on face vœu de continence qu'apres 70. ou
80. ans. La Confession Augustane en l'ar. 27. ne veut
pas que les ieunes hommes la gardent: Caluin donne
terme de s'esbattre aux femmes iusques en l'année
60. de leur aage. Et vous Reuerends Ministres de
Bearn qui reformez quand il vous plaist la foy de vos
ancestres, qui biffez leur Catechisme qui aneantisez

leurs maximes, difans que *la continence est possible*, dites
nous de grace l'est elle a tous ou a quelques vns? L'est
elle pour vn temps, ou pour toufiours? Non pour
toufiours, car vous le niez, donc pour vn temps, &
fi pour vn temps feulement, le iour de cefte poffibilité
expiré, le garçon & la fille iront au bordel, fi a poinct
nommé on ne pouruoit a leur cas: La Minitreffe ira
au Diacre, ou a l'Ancien, ou au Suruçillant, ou au
Catechifte, fi fon mary Miniftre eft abfent au dela les
limites de la poffibilité. A cecy pourra-on recognoi-
ftre les befoings d'vne Miniftreffe fi fon mary eftant à
Pau a la follicitation d'vn procés defloge prompte-
ment & fans trompette, fes affaires peu auancées, de
peur qu'vn autre couue fes œufs. Ce feroit vn peché
mortel de defrober pour vne heure la bride au cheual
du Pafteur veu la neceffité de la nature qui le preffe
de courir au fecours pour rendre, comme ils parlent,
la bien-veillance a fa chere moitié.

La faincte Eglife de Geneue a pouruçu a ces acci-
dents donnant permiffion a la femme en l'abfence de
fon mary d'aller demander prouifion au Confiftoire,
qui eft obligé d'appointer fes neceffitez. Voicy les
mots formels de l'ordonnance en la fueille 35. de l'im-
preffion de l'an 1562. *Si vn homme par desbauchement*
ou par quelque mauuaife affection s'en va & abandonne
le lieu de fa refidence; que la femme vienne au Confiftoire
demander lettres de prouifion pour le contraindre a venir
faire fon deuoir, ou pour le moins luy notifier qu'on y pro-
cedera en fon abfence.

Certes Meffion les M M. ne croyent point qu'il

soit possible de se passer de femmes, comme tu as ouy
par leurs grands Patriarches Luther & Caluin, par
leur Catechisme, par l'experience, & finalement par
ceste ordonnance de Geneue ; mais par ce qu'ils se
sont sentis pressez auec honte de la descouuerte que
vous auiez faict de leur doctrine brutale & bourdelie-
re pour euiter les anathemes du peuple ils se sont cou-
uerts de ce sac mouillé dementant par vne lasche ti-
midité la foy de leur religion & escriuant autre chose
que ce qu'ils croyent. Nous auons veu plusieurs d'entre eux espouderats pour la generation, mais pourtant
ils se sõt mariez pour flairer au moins les odeurs qu'ils
ne peuuent cultiuer, pour faire mine & que les autres iouënt.

De ceste raison de l'impossibilité de garder les commandemens de Dieu, faut aussi conuaincre leur mensonge en la pag. 9. ou ils disent qu'ils pardonnent
leurs ennemis & vous en particulier Mension, a qui
ils en veulent sans mercy. Car puis qu'il est commandé de pardonner les ennemis ils ne le peuuent faire
selon leurs maximes, ainsi disant qu'ils pardonnent,
ils mentent. Pique Cabos, en Ministre ett hideabes.
D'ailleurs quand ils pourroyent pardonner, ils n'en
fairoyent rien tant ils sont ialoux d'estre contraires
aux Catholiques, quand mesme ils en deuroyent e-
stre damnez.

Quand au 2. que plusieurs Ministres repriment les
concupiscences de la chair, ie leur demande depuis
quand & par quels moyens, chastient ils leurs corps
comme S. Paul le reduisant en seruitude, se veautrent

ils dans les espines comme S. Benoist? se plongent ils
dans les glaces comme S. Bernard? s'enseuelissent ils
dans les neiges comme S. François? ô les affronteurs!
aprés auoir mesdit auec petulence des sainctes auste-
ritez des Moynes, de leurs ieusnes, de leurs flagella-
tions, de leurs haires, cilices, & autres instrumens
de mortification, ils veulent embabouyner le peuple,
& l'ensorceler d'vne fade & fausse persuasion qu'ils
rabattent l'aiguillon de leur concupiscence par quelque seuerité religieuse.

Il y paroist dans leurs maisons foisonnantes comme guespieres de marmaille mal peignée, mal ha-
billée, morueuse & crotée: Il y paroist au ventre &
au sein de leurs femmes continuellement pleines ou
nourrices: Plus de canaille roussiours chez eux que de
commentaires sur la Bible, & croyez que ces compagnons se mortifient d'autre sorte que les asnes au
mois de May.

Pour le 3. *qu'ils ont infinis exemples de chasteté irre-*
prochable, il estoit a desirer que les M.M. en eussent
rapporté quelques vns. Le subiect le meritoit assez,
mais de les en croire a leur mot, c'est a faire à des sots,
ils ont esté surprins trop souuent & en choses d'im-
portance en menterie & bauarderie: Voila pourquoy
on ne prend rien plus de leur part sans le peser. Ay-
dons a leur defaut.

Peut estre veulent ils entendre Ioan Forquet Ministre de Morlane predecesseur de Paloque qui fut
attrapé en vne cruelle lubricité violant vne fille de
neuf ans & la souillant dans le sang de son innocence

& virginité.

Peut estre veulent ils entendre Minuielle Ministre de Lagoô qui ayant nagueres engrossé sa seruante vouloit faire aduoüer a son fils le forfaict, desirant l'infame adultere qu'il est, que sa propre & legitime geniture portast le blasme ineffaçable d'estre pere de son frere.

Peut estre veulent ils entendre le vieux Abadie qui estant Ministre a Serres en fut chassé non tant pour auoir engrossé vne fille, que pource que l'enfant ne se trouua point apres l'accouchement.

Peut estre veulent ils entendre Bourgade Ministre de Maslac, qui a eu ses dernieres amours si sales & cagnardes que le bruit a esté commun dans Orthes que cest hypocrite baisoit au cul la femme qu'il recherchoit.

Sont ce ceux cy ô MM. les Anges de vostre chasteté ces quatre boucs puants sont ils de ce nombre infiny de vos chastes, que vous vantez sans les nommer de peur que l'air ne les flestrisse, faites le vous prie, que nous les cognoissions, nous leur donnerons l'encens qu'ils meritent.

Pour les bourdeaux de Rome que vous nous reprochez en la pag. 18. ils ne sont point d'establissement, mais de souffrance contraincte : comme vos synagogues ne sont point approuuées en France, mais simplement tolerées. Les bons Chirurgiens laissent souuent au corps humain vne fistule ouuerte pour conseruer la vie aux membres plus vtiles. Quand on est necessité de permettre vn mal d'entre plusieurs on

choisist le moindre. Mais tout le monde sçait combien ces lieux infames sont des-agreables a sa saincte-
té, les foudres d'excommunication qu'elle lance
annuellement contre ces ames laschement abandon-
nées & prostituées à la chair iustifient assez les blas-
mes que l'heresie iette contre la premiere chaire de
l'Eglise.

Mais les M. M. parlant de ceste abomination ne
font il pas cognoistre, qu'ils n'ont pas de flairer d'hō-
me, qui se plaist à la douceur des odeurs innocentes,
mais qu'ils ont le nez de chien porté à la saleté, a l'or-
dure, a la vilenie, qu'ils ont le muffle de truye qui
ayme mieux remuer la fiante & le fumier, que paistre
en vn beau champ. Ils ont peu voir dans Rome les
cloistres à centaines ou les ames espurées du monde
hebergent sainctement, ou la pureté fleurist sans ta-
che, ou l'espoux repose parmy les lys de la virginité,
que sa grace a inspirée, que sa bonté cultiue, que la
misericorde conserue, que sa iustice coronnera. Les
Ministres dans Rome n'ont des yeux que pour le
bourdel. L'estat de la perfectiō des Monasteres pleins
de chasteté est vn obiect rehaussé par dessus leur capacité; les mysteres de la foy ne peuuent estre creus
si l'entendement n'est esleué surnaturellement, la volonté ne peut aymer Dieu parfaictement sans vn
principe de grace, l'ame ne peut contempler l'essence
eternelle sans la lumiere de gloire, les puissances doiuent estre proportionnées à l'obiect, les Ministres
n'ont qu'vn esprit charnel, ce qui est spirituel surpasse
leur portée, parles à vn souillon de cuisine des bro-

ches & des escuelles, il vous entendra, parlesa Robin
de ses flustes, vous le ferez danser, hors de ce ton il
perd sa cadence, tous discours profanes sont le vray
gibier des Ministres, les pensées de la netteté des Anges en la chair humaine ne sont point les fruicts de
leur iardin, ils en ont estouffé la semence.

M.

Peyrot c'est assez dict de ce point, ie croy que les
M M. s'en contenteront, que disent ils dauantage.

P.

En la page 10. & 11 ils disent, 1. que vous les auez
calomniez leur imposant qu'ils croyent que la seule
foy destituée des bonnes œuures les peut sauuer. 2.
que la foy voirement est le seul instrumeut ordonné
de Dieu pour receuoir salut. 3. que la foy & repentence s'entretiennent d'vne liayson indissoluble. Mais
Menison, demeures tranquille ie men vay destruire
ces trois chefs.

Pour le I. Caluin au I. 3. des Inst. c. 11. §. 19. dict
formelement que *l'homme est iustifié par la seule foy.* Et
au § 13. *la iustice des œuures ne peut aucunement sub-
sister auec la iustice de la foy. Non seulement les œuurs qui
sont faites par les seules forces de la nature, mais encore
toutes les autres, quel nom qu'on leur donne, sont forclo-
ses par la iustice de la foy.* L'article 20. de la confession
de foy reformée dict. *Nous sommes faits participans
de la iust ce (de Christ) par la seule foy.*

L'indice de leur Theologie par lieux communs

faict ce chapitre. *Nous ne pouuons estre iustifiez ny en tout, ny en partie par les œuures de la Loy, mais par foy nous apprehendons les biens inestimables de nostre iustification.*

Si Caluin, si la confession de foy, si le Breuiaire de leur science disent que la seule foy iustifie auec forclusion expresse & formelle des œuures de la loy, Mention n'a pas calomnié la religion des Ministres, mais les Ministres voyant que leur tromperie estoit desplier, & qu'auec ce principe *la seule foy peut sauuer* ils permettent les larrecins, les blasphemes, les faux tesmoignages & toute sorte de crimes iusques la que Luther dict au liu. de la capt. babyl. au ch. du bap. que *le baptizé ne peut perdre son salut, quels peches qu'ils commette, si ce n'est qu'il ne veuille point croire.* Les Ministres dis-ie voyant leur impieté estre rendue sensible au peuple, ont voulu couurir leur turpitude non en changeant de croyance, mais en l'abusant malicieusement auec ceste apparence qu'ils disent les œuures estre necessaires auec la foy pour le salut, & ils s'en desdiront en Normands tout incontinent.

Luther au liu. de la liberté Chrestienne dict que le Chrestien n'a besoing ny d'œuures, ny de loy pour son salut. Et au sermon qu'il a faict de Moyse il dict, que les dix commandements de la loy ne nous concernent point. Caluin l. 2. des Inst. c. 7. §. 5. enseigne que la loy de Dieu est impossible mesmes aux saincts.

Il ne faut donc plus attendre aucun bien des Huguenots. A quel propos parlent ils donc des bonnes œuures, puis qu'ils les iugent impossibles, & qu'ils

dient

disent que *les meilleures actions des plus gens de bien
considerées en elles mesmes sont pechez & abominations
deuant Dieu*; ainsi Caluin l. 3. de ses Inst. c. 14. §. 4.
& Luther en ses assertions art 2. 31. 32. 36.

La religion pretenduë est vn vray ieu de dedans &
de dehors: s'il faut secourir Geneue & y entretenir la
rebellion contre son seigneur naturel & legitime,
c'est vne œuure de salut qu'on extorque aux bourses
huguenotes de Bearn six mille liures, s'il faut donner
vn liard a vn pauure pour racheter ses pechez Daniel
4. & pour meriter le Paradis Matth. 25. Ceste action
au dire de Caluin & des Ministres est vne œuure
damnable si Dieu la veut examiner seuerement; s'il
faut rompre la volonté du Roy, si contre ses deffen-
tes les M. M. de Bearn se ralient auec ceux de France
aux assemblées, s'ils entretiennent six mois vn depu-
té au cercle de la Rochelle, si contre les arrests de la
Cour de Parlement ils ont enuoyé a Saumur, & ton-
suré vn Gentil-homme pour estre rendu capable de la
deputation, s'ils souf-leuent les peuples, s'ils se barri-
cadent dans Orthes, s'ils y tiennent vn conciliabule
contre le gré de leur Roy, s'ils font sortir gens pour
voler, comme ils ont faict, les lettres & Edicts de sa
Maiesté que Monsieur Renard enuoyoit de d'Acqs à
Pau, tout cela sont des œuures que Dieu a preparées
affin que les huguenots marchent par icelles. Mais
s'il faut obeyr au Roy, s'il faut adorer la puissance que
Dieu luy a donnée, s'il faut fleschir à ses desirs pour
rendre à l'Eglise ce qui luy apartient, ce sont des œuures d'abomination & de peché, il ne si faut point

C

ſouiller.

Ainſi à noſtre ſubiect s'il faut viure dans le vray eſprit de la reformation, *la ſeule foy ſauue*, nulle œuure eſt neceſſaire, voire toutes ſont abominables : ainſi s'entretient le party en faction c'eſt ce qui allume la meſche, c'eſt ce qui charge le moſquet, qui deſgaine l'eſpée & la mouille hardimēt dans le ſang des Chreſtiens quand les M M. ſonnent la carque: mais s'il y a ſubiect de craindre que le peuple ſoit deſ-abuſé d'vne ſi pernicieuſe doctrine, & qu'il ne vienne à recognoiſtre & deteſter la malice de ces pipeurs, qui amoncelent tant d'ames pour l'enfer, lors il faut dire, (mais non pas croire) que les bonnes œuures, ſont neceſſaires auec la foy pour le ſalut. ô crimes dignes d'anatheme! ô impietez ſacrileges! Nos maieurs n'ont rien iamais ouy de ſemblable, noſtre ſiecle faira horreur à nos nepueus, la poſterité le tiendra comme vn monſtre, & ne craindra rien de la malice du Diable croyant qu'il la toute vomie en nos iours.

Pour le 2. que *la foy eſt le ſeul inſtrument de ſalut.* Deſ-ia ils accourciſſent l'eſtriuiere d'vn poinct, ſix lignes plus haut les M M. *deteſtent la doctrine qui dict que la ſeule foy ſauue ſans les œuures*, & icy ils diſent. *Nous diſons voirement que la ſeule foy à la vertu de nous iuſtifier deuant Dieu entant que c'eſt le ſeul inſtrument ordonné de Dieu pour recepuoir le ſalut.* pag. 16. Tu vois a preſent Menſion que ce qu'ils auoyent dict des œuures, n'eſtoit que pour piper, la ils parloyent en charlatans, icy en vrays huguenots, en l'vn & en l'autre endroict en perfides. Car ſi la ſeule foy eſt le ſeul inſtrument ordonné de Dieu pour receuoir le ſalut, à quel propos les œuures pour vn tel effect.

S'il eſt vray que *la ſainƈte Eſcriture contient tout ce qui eſt neceſſaire pour le ſeruice de Dieu, & le ſalut des hommes,* comme diſent les huguenots en l'art. 5. de leur Conf. de ſoy, en quel Prophete, en quel Euangeliſte, en quel Apoſtre ont ils trouué que la *ſeule foy à la vertu de nous iuſtifier.* C'eſt icy vn fondement de religion qui doit eſtre reuelé de Dieu, car les hommes ne peuuent poinƈt baſtir articles de foy. Dites donc MM. ou vous auez trouué *ceſte ſeule foy iuſtifiante, ce ſeul inſtrument ordonné de Dieu pour receuoir ſalut.* Il n'en y a pas vn mot en toute l'Eſcriture. ô les hardis menteurs, ils couchent touſiours de l'Eſcriture, & elle ne diƈt point ce qu'ils promettent, ils auancent ce qui leur plaiſt, & font des articles de foy à leur poſte par vne inſigne effrôterie; Et les peuples de Bearn ne ſeront ils iamais detrompez? Ce charme de l'hereſie les tiendra il captifs au dela de 60. ans de leur infortune. Mes compatriotes il faut prendre lumiere pour le ſalut, les Miniſtres vous enſeignent quelque choſe de commune creance auec les Catholiques & cela eſt bon, mais tout ce qu'ils vous preſchent en qualité de Miniſtres, tout eſt prins de leur teſte, ie iure le Dieu viuant qu'il n'y a en toute la ſainƈte Eſcriture vn ſeul mot, vne ſeule ſyllabe, vne ſeule lettre pour eux en aucun poinƈt de leurs enſeignemens. Vous n'auez que Religion humaine, elle n'eſt pas diuine, religion de beliſtres non pas d'Apoſtres, religion de chair, non pas d'eſprit.

Puis que la sainœe Escriture ne diœ pas *que la seule foy sauue* pourquoy le disent donc les Ministres? n'est ce pas pour côduire les habitans de Salies, de Belloc, de Saubaterre & d'Orthes a ce poinœ d'insolence, qu'au mespris du Roy empanachant leurs bonets de queües de renard, ils criassent au renard, en yurognes, en furieux & forcenez contre la reuerence qu'ils doiuent à monsieur Renard Commissaire de sa Majesté dans le pays? N'est ce pas pour remplir le cœur des escholiers du College d'Orthes de felonnie, & leur bouche d'impudence contre le susdiœ sieur Commissaire? & comment escriuain sansfront as tu ozé nier en la pag. 23. de ta criminelle innocence que ces esceruelles eussent rien diœ indecemment, rien faiœ insolemment dans Pau contre le respeœ qui estoit deu à Monsieur le Commissaire du Roy qui portant ses volontez denoit estre receu auec honneur & humilité comme le Roy mesme? N'as tu pas pasly de ton effronterie quand elle conceuoit ce mensonge qui denoit estre contrediœ du Ciel & de la Terre, qui pouuoit estre connaincu par mille tesmoings, qui l'estoit mesme par ta propre conscience, si tu n'auois faiœ gageure auec le Diable que tu le vaincrois en impudence, en obstination & endurcissement. Les reuenderesses de Pau crierôt desormais apres toy quand elles te verront comme apres le plus insigne menteur qui fut iamais au monde? L'air retentist encore des paroles de ceste estourdie ieunesse, & de trente coups de pistolet quelle lascha droiœ au fenestres de Monsieur le Commissaire du Roy. La porte du logis de

Monsieur de Lechemia retient les marques de son effort violent? & ie m'asseure que quelque visage de Iuif que tu ayes, tu n'oserois souffrir acarement & confrontation contre ce bois, qui dict que les Ministres d'Orthes sont cause de l'outrage qu'il a receu, car vn mois auparauant ils assistoyent tous les iours aux exercices militaires, ausquels s'exerçoit ceste bande felonne soubs leurs Capitaines sainct Hilaire & Bedoraâ pour venir faire ceste equipée dans la ville capitale du pays & contre le Commissaire du Roy. Que si les Ministres membres du college ny auoyét consenty ne sairoyent ils point apparoir du chastiment qu'ils ont faict de ces insolences? Si le moindre de ces fripons auoit mesdict d'vn suruedlant, il auroit la saie, toute l'Academie le fouet croit iusques a Poutard & Garriere inclusiue, mais quand il y va de l'interest du Roy, il n'y a point verges de Iustice dans Orthes, il n'y a pas vne seule parole de reprehension. Euidence grande qu'ils sont plus d'estat d'vn aiguilletier huguenot que de la Maiesté de leur Roy. O parents de ces iennes Catilinas quelle obligation auez vous aux Ministres & Regens d'Orthes qui ont rendu vos enfans criminels de leze Maiesté. Le Roy sçait qui ils sont par nom & par cognom, combien ils sont, & d'ou ils sont. Chose terrible d'offencer son Prince, ils n'ont pas dict vn mot qui n'aye esté releué & raporté. Le peché d'vn soul homme coule depuis plusieurs milliers d'ans sur sa posterité, tout ce qui reste de temps iusques à la fin du monde ne sçauroit effacer la tasche de ces coniuréz, leur fortune est greslée,

leur vie en crime, & la flestrisseure de rebellion per-
petuelle en leur nom. On marquera a iamais leurs
familles par le raport de ceste histoire, mais vous en
serez exempt, auec honneur & gloire sieur de Bene-
uen Aduocat dans le Parlement de Pau, qui des-a-
uouant ceste rage, qui y auoit enueloppé vostre fils,
comme vn torrent arrache vne bonne plante, comme
vn orage espampre vne vigne, comme vn vent violent emporte le grain de l'aire, le chastiastes seuerement & luy eussiez donné la malediction pour la
grande fidelité que vous auez pour le Roy, si vous
n'eussiez esté asçauanté peremptoirement que ceste
innocente creature n'auoit eu autre desir en sortant
d'Orthes que de venir voir son air natal, douce &
puissante inclination en tous les enfans. Et vous tous
les autres Peres de quel œil pourrez vous voir les
autheurs de ce desastre qui ont desrobé à vos enfans
le sentiment de pieté enuers Dieu, de respect enuers
leur Roy, de charité enuers eux mesmes par ceste
mal-heureuse maxime *que la seule foy sauue.*

La seule foy sauue. Et que deuiendra l'Escriture qui
dict que *les pechez sont effacez par penitence.* Act. 3.
19. que *l'esperance sauue* Rom. 8. 24. que *la crainte
oste le peché* Eccl. 1. 27. que *l'amour oste la multitude
des forfaicts* Luc 7. 47. Les Ministres ne veulent ny
repentance, ny crainte, ny amour; si leurs gens a-
uoyent amour pour Dieu, ils n'en disposeroyent pas,
comme ils font pour l'offencer: s'ils auoyent crainte,
ils redouteroyent ses iugements: s'ils auoyent vraye
repentance, ils ne recidiueroyent pas si facilement

au desordre, au trouble, à la sedition dans laquelle ils
viuent auiourd'huy auec de si funestes pensées, que si
la force estoit esgale à leur malice tout le Bearn &
toute la France seroit en poudre comme Ostende: Ils
ne veulent que colonies d'Anglois, d'Escossois, d'Al-
lemands, de peuples ramassez, bigarrez en creance,
farouches en humeur, austeres à l'entretien, mutins,
sanguinaires, Morisques marranes, tout leur est bon
horsmis la reuerence enuers l'Eglise & l'obeissance
enuers le Roy, c'est ce qu'ils ne peuuent digerer.

Voyons le 3. chef. *Que la foy & la repentence sont
inseparablement ioinctes*, puis que c'est vn poinct de
religion i'en demande texte en la Bible, que s'il ne
s'en trouue pas, comme ie suis asseuré qu'il n'en y a
point, les Ministres ne sont ils pas insupportablement
superbes de dresser des articles de foy pour le peuple,
ce qui apartient à Dieu priuatiuement à tout autre.
Que font ils en leurs synagogues que ce que les Diables font au sabbat, ordonner sans authorité, comman-
der sans puissance, bastir des loix sans commission, &
prendre le pretexte des sainctes Escritures pour pal-
lier leur malice?

Si la foy & repentance sont conioinctes d'vne liayson indissoluble, comme vous dictes, ie vous demande, sire Ministre, quand vous faites actuellement vn
peché, comme souuent vous en faites, ou vous auez
à mesme temps actuellement la repentance du peché,
que vous commettez ou non? Si vous respondez
qu'ouy qui le croira sans escriture, car vous seriez à
mesme temps pecheur & repentant, iuste & iniuste,

enfant de Dieu & esclaue du peché. Si vous respondez
que non, vous n'auez pas donc a ce mesme temps la
foy, car selon vostre opinion, ou il n'y a point de repentence il n'y a point de foy, & partant par chasque
peché vous deuenez infidele, & comme souuent
vous pechez en vn iour, souuent en vn iour vous deuenez infidele, membre de sathan, fils du peché, subiect à la damnation.

Si la foy n'est iamais sans repentence, Ministres,
vous estes tous infideles, car qui de vous se repent des
vsures que vous exercez & plus ordes & plus ordinaires que les Iuifs? Il y a sept ou huict ans que vous
teniez vn Synode à Pau ou Blair presidoit, i'ay ouy
de mes oreilles les seruantes vous huer côme coquins,
comme sang-sues du peuple, & qui apres ceste con-
fusion a faict penitence? Il faut recognoistre le bien
la ou il se trouue, le plus conscientieux à restituer à
aultruy ce qui luy apartient est le paure Cuffonel
Augustin renegat, qui rend ordinairement à son hoste
ce qu'il à prins chez luy. Tout son mal n'est point a
l'espaule, ie voudrois de bô cœur que sa femme l'eut
veu en son froc pour cognoistre si la teste ne luy auroit point grossi de quelques durillons depuis ses
nopces. Menilon finissons ceste matiere puis que nostre Seigneur là luy mesme definie disant que plusieurs l'inuoqueront, disant Seigneur Seigneur, (ce
qui ne peut estre sans foy, puis qu'il en faut auoir ne-
cessairement pour faire inuocation Rom. 10.) neant-
moins nonobstant leur foy *ils serôt mescognus de Dieu,
qui leur dira. Despartez vous de moy vous qui faites*
le me-

le mestier d'iniquité. Match. 7. Donc vn homme qui aura la foy peut estre sans repentence & en damnatió?

M.

Voila qui va bien, Peyrot, n'ont ils pas reparty aux histoires que ie t'auois fait de Melet, de Solon, de Fauge, de Touuar, de Cussonel.

P.

Ils n'ont rien d'ct de Cussonel, il est probable qu'en moucheron de tauerne il couroit les pintes, quand ils escriuoient, ainsi ils n'en ont eu aucune souuenance. Pour les autres quatre ils disent en la pag. 24. 1. que vous auez tort de vous en prendre aux morts. 2. qu'ils sont des-ia accueillis en la gloire du Ciel. 3. Et que durant leur vie vous n'eussiez ozé soustenir leur regard.

Mais au premier poinct ie leur responds que si les escriuains ont tort de s'en prendre aux morts, il faut se plaindre des Euangelistes qui ont escrit la vie & la mort de Iudas, d'Ananie & Sapphira. Aussi peut estre ces trois icy sont les sainctz & saincte de la litanie des Ministres de Bearn: Car en Iudas ils trahissent en baisant, faisant semblant de donner au Roy l'Auc Rabbi, ils l'exposent comme vn miserable, & en Ananies & Sapphires ils veulent detourner le bien qui apartient aux Apostres & Ecclesiastiques de nostre pais à leur propre & profane vsage. Il ne sera iamais hors de propos de deterrer les cendres des Cains, des Antioches, des Cores & Dathans, des Nicolas, des

D

des Simons magiciens pour rendre leur nom aussi
odieux que leur vie detestable, leurs ossements aussi
maudits, que leurs œuures ont esté abominables. Les
Peres ont eu cest esprit quand ils nous ont dressé le
catalogue de la vie, doctrine & mœurs, & siecle des
heretiques. Caluin au 1. 3. des Inst. c. 20. ʃ. 27. & au
liu. de la reformation de l'Eglise appelle S. Domini-
que *Bourreau*, Sainct Medard & Sainct Lubin *bestes*,
& les Saincts George & Hippolyte & autres semblables, *masques & laruos*; Ce profane, c'est excommunié
de Paradis parlera auec iniures & blasphemes des a-
mis de Dieu, de ses domestiques, des coheritiers de
son fils au Royaume celeste, & on nous voudra faire
iuger preuostables d'auoir ouuert les sepulchres de
quatre faulsaires de leurs vœux, bouquins infames, la
peste, le chancre, la gangrene de nostre Prouince, quatre Asmodées les plus souillez dans la corruption, les
plus pourris dans l'iniquité, qui ayent iamais esté sur
la terre, leur nom nous est puant, leur memoire execrable, leur doctrine en detestation. Nous estimons
infortunés les ventres qui les ont portez, & mal-heureuses les mammelles, qui les ont allaictez, nous plei-
gnons l'eau de leur Baptesme, puis qu'ils en ont con-
taminé la grace, & voudrions que leurs carcasses fus-
sent dans le lac de Sodome ou de Geneue sa sœur,
affin qu'il ne se trouuast rien en nostre pais de si pollu
& detestable que leurs corps, qui ont esté les organes
de tous les pechez du monde.

Au second poinct ie demande aux Ministres qui
les a asseurez que ces Giezis infects ont esté accueillis

de Dieu en sa gloire, veu qu'il est escrit, que rien d'immonde n'y enttera iamais? damnez sont ils puis qu'ils sont morts en la durté de leur cœur, en irrepentance & separez de l'Eglise comme Pharaon, Antiochus, & tous les heretiques, Esaus reprouuez qui ont vendu leur heritage pour vne escuelée de lentilles: Il ne faut ia craindre que les traicts de nos paroles contre eux retombent sur nos testes: nos execrations ne montent point, elles descendent sur eux, qui sont descendus en enfer, & pour y estre plutost l'ame de Melet sortit par le fondement estant sur la selle percée, comme celle d'Arius. La ils sont pasture eternelle aux supplices eternels, viuants dans la mort, sanglotans dans le desespoir, ou ils vous attendent sans bouger, car ils sont trop fortement liez, trop soigneusement veillez, trop continuellement tourmentez pour auoir liberté de vous venir au deuant.

Dites vous à present hardiment leurs enfans, comme vous faites en la pag. 7. Si les enfans sont semblables aux Peres, vous serez tous sacrileges, tous incesteux tous saccauins & endouilles de cuisine. Il vous fasche qu'on vous presse sur les maschures, aussi fasche-il bien aux punaises quand on les eschaude, aux renards, quand on les fume, aux loups quand on les chasse, aussi faschoit il aux Manicheés & Donatistes quand S. Augustin leur faisoit la guerre: à Iouinian & Vigilance quand S. Hierosme leur donnoit la question, aux Arriens & autres prodiges d'erreur quand les SS. Athanase & Hilaire les confondoyent.

Mais sur tout estes vous plaisans M M. quand vous

asseurez que Meniion *n'eust ozé soustenir leur regard
sans pallir.* Quoy? auoyent-ils les yeux venimeux côme le basilic? auoyent ils l'haleine contagieuse comme les loup? ou bien estoyent-ils comme ces vieilles
haridelles *de lane de bouc,* qui fossoyées de caducité,
seches d'inedie, plombées des battures du diable
estonnent les enfans & leur donnent le mal qu'on
appelle Bufagou?

Comment dictes vous que Meniion n'eust ozé
soustenir leur aspect? Les Ministres ne regardent iamais entre deux yeux, toufiours sur les costez, iamais
à droict, la prunelle branflante, le sourcil abbatu côme d'vne desbauchée surprise en adultere : comme
d'vn condamné au gibet qui a vergogne de ses parés,
comme d'vn pariure public que tout le monde hue?
helas! Il n'y auoit aucun d'eux qui n'eust esté vaincu
d'vne chaüre coeffée, qui n'eust perdu resistance à
la face d'vne bouteille de bon vin & d'vn iambon de
Bayonne.

Voila, Meniion mon honorable pere ce que les Ministres ont dict de leurs tref-passez, qui requiescunt
in pice. Pour les viuants ils disent de Charles en la
P. 25. qu'en ses predications & leçons ordinaires en
incendiaire Eroftrate il met le feu au Temple de nostre religion. Deuines si nous qui sommes dedans ne
deuons point auoir grand peur d'estre attaquez par
ce pygmée; luy qui a esté iugé incapable par vn grãd
Senateur d'attaquer vne femme, comment se presen-
tera-il deuant l'Eglise qui est terrible côme vn camp
de gendarmerie? Luy qui a esté iugé *sans bras com-*

ment faira-il bresche; *sans iambes*, comment monte-
ra-il à l'escalade; *Lette-henit* comment portera-il les
fatigues d'vn long siege. Car l'Eglise n'est pas preste
à se rendre; il y à biscuit & munition entre les seuls
Ecclesiastiques qui sont dans le Bearn pour soustenir
contre tous les Ministres de France.

En la pag. 18. ils disent 1. qu'ils ont plusieurs Ministres nobles. 2. & plusieurs qui sont issus des peres
qui ont tenu les premiers rangs au Conseil. 1. Qui
sont les nobles, que ne les nomment ils, il n'en y à aucun, il n'en y a eu, il n'en y aura iamais, 2 Pour ceux
qui sont issus des peres qui ont tenu rang au Conseil
sont ils legitimes ou bastards, ont ils esté faicts à l'aize
& innocemment dans le lict, ou craintiuement &
derriere le buisson; Il me faut respondre categori-
quement: Ont ils peu iamais ouurir le bec au barreau
ayant eu l'honneur d'y porter la robbe: L'insuffisance
pour la plaiderie, & l'incapacité à apprendre le soo &
les coustumes du païs (que les bayles sçauent par les
villages) ne les a elle pas portez comme par desespoir
au Ministere.

M.

Mais, Peyrot, les Ministres ne disent ils rien de
nouueau.

P.

Si font en la pag. 18. ils se disent estre d'vne mesme
foy auec les Vaudois & Albigeois. Loué soit Dieu,
qui tire de leur bouche la confession de leurs ordures

fans qu'ils y penfent. Ils croyent donc comme les Albigeois qu'il y a deux principes de toutes chofes
Dieu & le diable: que Dieu crée les ames & le diable
les corps: Ils croyent donc la tranfmigration des ames
d'vn corps à l'autre corps, non feulement humain
mais beftial. Car ils affeuroyent que l'ame qui a bien
& vertueufement vefcu paffe par les corps des Princes, & celle qui a mal & vicieufement vefcu, paffe par
les corps des beftes, en telle forte qu'il fe pourra faire
que l'ame d'vn Philofophe fera quelque iour l'ame
d'vn bœuf: & l'ame d'vn braue & genereux Caualier
l'ame d'vn papillon ou d'vn crapaut, felô qu'elle fe fera comportée en fes actions. Suffit de reprefenter ces
enormitez pour confondre les errants, qu'on voye
en cefte vnité de foy Hnguenotte & Albigeoife fi les
Miniftres meritent le nom de Chreftiens. Certes s'il
faloit croire aux erreurs par les apparences, il femble
qu'il y à quelque probalité d'eftimer que les ames
des MM. de Bearn ont efté felon leur opinion grandement pechereffes, puis qu'elles ont vn fi rude cha-
ftiement que d'eftre faictes ames de leurs corps fales,
noyez de vin, fecs & arides d'enuie & d'auarice, haues
d'hypocrifie, plombez de venin & de toute forte de
furieufes paffions.

Ils coyent donc auec les Vaudois que le Symbole
des Apoftres eft vne fourbe, & que la concupifcence
de la chair eftant en chaleur, toute conionction &
meflange charnel eft licite. Voila deux articles de foy
des Vaudois comme refmoignent toutes les hiftoi-
res : & les Miniftres fe difent *profeffer mefme religion*

qu'eux pag. 18. Seroit-ce pour cela que le Ministre d'Arudy entretenoit vne sienne parrocienne & fit mourir le mary, pour lequel meurtre il eut la teste tranchée à Pau? Seroit-ce pour cela que Dujac Ministre de Noye à engrossé à mesme temps sa femme & sa seruante? Et apres cela qui pourra doubter du haussement de linge par charité, qui se faisoit à leur commencement dans les assemblées nocturnes.

Il se list dans les actes des synodes Nationnaux des M M. qu'en l'an 1603 a Gap le Ministre Codur adultere accusa d'inceste & d'adultere la femme de Brunier son compagnon Ministre. Il se trouue entre autres productions la plainte de Brunier contre vn Ministre qui auoit pris pour texte dans son Eglise ces paroles de Sophonie ch. 3. *Ces Prophetes sont maris de femmes desloyales:* quoy qu'il eust luy mesme porté en chaire ses passions ayant prins le texte de Samson que *ses compagnons auoyent labouré auec sa genice.*

Au synode de S. Mexan Theophile Blachel dict la Colombe est conuaincu de Sodomie, Henry d'Indaud si bien Ministre d'auoir desbauché la femme de son hoste, & de l'auoir faict mourir par poison. Clement Marot psalmiste de la presche & des boutiques de tailleurs & cordonniers fust foüeté à Geneue par les mains du bourreau non pas pour auoir engrossé son hostesse, comme il auoit faict, (car il estoit de la religion des Vaudois) mais pour ne l'auoir faict selon les regles de police de la ville.

Voila de braues gens, Menilon qui font bien la beste és formes exterieures de leur religion; Car au

fonds ils n'en ont point, & pour preuue de cela ils se
professent estre de la Religion des Vaudois, qui re-
iettoyēt le symbole des Apostres & s'abandonnoyēt
à toute des-honneste & vileine prostitution.

M.

Comment se iustifient ils des cruautez qu'ils ont
exercé contre les Catholiques.

P.

Ils n'en font pas petite bouche mais disent haut &
clair en la pag. 19. *qu'ils ont faict excès contre nos Pre-*
stres par vengeance de ce qu'on leur auoit faict. Notez
icy leur excés *par vengeance.* En la pag. 9. ils benissent
ceux qui les maudissent: embrassent d'affectiō saincte
& cordiale tous ceux qui leur font, ou procurent
mal: exhortent le monde à se rendre insensibles aux
iniures qui leur sont faites; à vous mesme, Mennon,
ils vous protestent en sincerité de conscience qu'ils
vous pardonnent; ô les traistres! ô serpens a deux langues, ô perdris a deux cœurs. Quand ils disent qu'ils
pardonnent, ils mentent, quand ils confessent la
vengeance ils disent la verité. Et quoy? Leurs pre-
mieres ardeurs à planter l'Euangile n'estoyent que
vengeance, que sang espanché, que corps meurtris,
& que deuons nous attendre d'eux sur leur defaillan-
ce, les serpens sont venimeux par tout, mais à la
queue principalement, que deuons nous esperer de
ces vindicateurs d'iniures supposées? Est ce la loy
d'amour que Iesus Christ auoit commandé a ses A-
postres,

postres, est cela sçauoir dire son Pater noster ou l'on demande pardon auec la mesme condition, auec laquelle on pardonne, est ce imiter Iesus en la Croix, qui excuse ceux qui le crucifient & leur impetre misericorde, est ce imiter S. Estienne qui genoux à terre demande grace à Dieu pour ceux, qui le greslent de caillous, & merite la conuersion de Saul? Croyez les a l'aduenir quand ils diront qu'ils pardonnent? Dieu leur a donné la gehenne interieurement pour leur faire confesser leur vengeance ayant dict ceste verité sans y penser, car ils auoient resolu de n'escrire que mensonges & perfidie.

Mais de grace M M. quel tort auiez vous receu des Catholiques? Si vous en dictes qu'elqu'vn on ne le croira pas. C'est vn paradoxe que les agneaux attaquent le loup, les colombes l'esperuier, les innocents de Bethlem Herodes. Si quelqu'vn des vostres a esté pendu, ça esté apres vne necessaire proscription pour les vols, qu'ils faisoyent des Eglises, rauissant les Calices, les Croix d'or & d'argent, & les Saincts & riches ameublements des Autels de Dieu: ça esté apres vne iuridique condemnation pour ces forfaicts & autres innombrables.

De quels supplices n'estoyët dignes les violateurs des lieux saincts, les profanateurs des sepulchres Royaux? Ne les a on pas ouuert dans l'Eglise des Chanoines de Lascar pour en atracher le plomb & l'esteing & le conuertir en vsages sanglants & meurtriers? N'a on pas semé les os des Princes par terre comme s'ils eussent esté des carcasses viles & condam-

nées? qu'a on faict au corps du Conte Gastõ de Foix,
quelles ignominies a sa teste roulée & poussée du
pied comme vne boule dans Orthes?

Si vous vous pleignez de ceux qui ont exercé la
vigueur des loix contre vos impietez, pleignez vous
de Dieu, qui a faict de merueilles à vos yeux pour pu-
nir vos sacrileges. Vn soldat de vostre faction dans
Lascar appellé *Pied de perdris* voulut tirer vn iour vn
coup d'harquebuse a l'image de la saincte Trinité,
qui estoit en vn grand vitral de l'Eglise : & le feu luy
ayant manqué par deux fois, s'irritant orgueilleuse-
ment de ce que Dieu ne le vouloit point perdre par
misericorde, prononça auec blaspheme ces paroles.
saubet Diu si pots. Et la poudre prenant feu, creua le
canon qui par ses depecemens luy inoulut les bras &
le corps, dont il mourut en rage & desespoir.

Vn iour plein de serenité & le plus beau qui raya
iamais en terre, les mains funestes de vos peres tiroyẽt
en plein midy le sainct ciboire du tabernacle de Lascar, & faisant comme les Donatistes outrage au sacré
fils de Dieu, qui y reposoit, le Ciel en vn instant comme au iour de la Passion deuint si obscur qu'il sem-
bloit que le Soleil eust perdu sa lumiere, & aussi tost
il se deschargea en tel deluge de pluye, de gresle & de
vents que la moisson fust faicte pour toute l'année, &
le monde si estonné, qu'il ne se pouuoit remettre.
Ne trouuez donc point estrange M.M. comme vous
faictes en la pag 12. & 23. que Menilon vous impu-
te la cause des orages, des vents, & des tempestes. On
les attribue bien aux sorciers qui ne sont pas tant de

mal que vous, ils se cachent, vous vous monstrez, ils
tremblent quand ils sont surpris, & vous faictes religion de mal faire. Ainsi vostre audace, vostre temerité, vos blasphemes irritent la nature sensible aux
offences que vous faites au Createur, selon son inclination & fidelité à seruir celuy qui la faicte; Il y a lõg
temps qu'elle auroit faict vengeance de vous sans le
secret de la prouidence eternelle qui la retient. Vous
auez veu n'agueres comme la terre ne pouuant porter
le faix de vostre felonie à & longuement & horri-
blement tremblé par tout le Bearn, elle estoit esbran-
lée pour vous engloutir, mais Dieu la arrestee pour
encore, s'estant contenté de son sentiment contre vos
perfidies.

Les Ministres veulent, Mention qu'il leur soit permis de se vanger, quand on leur aura faict tort, & les
articles secrets disent que quãd on voudra faire mourir le chien il faudra dire qu'il est enragé. Mais quand
toute la republicque Chrestienne auroit esté notoi-
rement offencee, si elle s'en prend pour le bien public, les huguenots en font histoires de Barbarie &
d'inhumanité, remplissent le monde de clameurs qu'õ
les persecute, qu'on les ruyne, qu'on s'en prend au
Seigneur. Aussi est-ce vne de leurs maximes de faire
touliours iniustice, & de se plaindre de la iustice. Et
pour exemple en la pag. 18. ces honnestes gens se
pleignent de mauuais traictement en France & sur
tout de la S. Barthelemy. Ils sont impudents d'appeller la desfaicte, qui y fut faicte, massacre, c'estoit vn
acte de iustice le plus equitable qui aye iamais esté &

qui puisse iamais estre. L'histoire veritable est dans
Surius & Genebrard qu'on auoit tenu vn Consistoire
a Geneue soubs Caluin & Beze, ou il auoit esté resolu de tuer François second Roy de France, sa mere, ses
enfans, les grands du Royaume, & les bons Magi-
strats à vn certain iour, d'ou sortit la conspiration
d'Amboise. Or le Roy Charles 9. qui succeda à François 2. voyant qu'encore qu'on eust versé vn seau
d'eau sur le brasier de ceste trahisó, on n'auoit pourtant qu'abaissé la flamme seulement, & qu'il si cou-
uoit encore vn grand feu capable d'embraser & ruy-
ner iusques aux fondements sa Religion & son Estat,
il fut contrainct de faire seigner ceux, qui portoyent
ceste perfidie au cœur, ce qu'il eust bien faict sur vn
eschaffaut, si Dieu ne l'eust inspiré de n'esuéter poinct
le traict de sa iustice qu'en le iettant. Le Ciel approu-
ua cest exploict, car vn aubespin fleurist hors de sai-
son en vn instant au cemetiere des Innocens pour
rendre tesmoignage que le sacrifice auoit esté agrea-
ble a Dieu pour l'expiation d'vn si cruel monopole.
Comme on escrase tout l'aspic sur la morsure qu'il à
faicte affin d'en oster le venin, ainsi faloit-il faire sur
tout le corps de ces traistres, qui estoyent tous infe-
ctez de la contagieuse & infernale deliberation de
Geneue. Et qui peut iamais trouuer a redire sur ceste
action, l'ayant bien examinée? Par vengeáce les M. M.
tuent les Catholiques en Bearn, & par raison & conscience le Roy ne pourra point chastier en France les
ennemis de sa Couronne & de sa vie?

Ce n'est pas en France seulement ou les huguenots

ont entreprins sur les Roys, par trois fois ils ont prins
les armes contre Marie Reine d'Angleterre, & esleué
vne Reine pretenduë sur son throsne. Sigismond Roy
de Pologne est priué par eux de la Couronne qui luy
est deuë par droict d'heredité, laquelle ils ont donnée
a son oncle partisan de leur creance : Sur l'Empereur
Rodolphe ils ont vsurpé la Transsyluanie qui luy ap-
partenoit en qualité de Roy d'Hongrie. Sur le Duc
de Sauoye ils ont empieté la Ville de Geneue, & par
tout ou ils peuuent acrocher les grandeurs, c'est pour
les raualer, par tout ou ils peuuent auoir entrée, c'est
pour si rendre maistres. A Chaalons comme raconte
Belle-forest au liu. 19. de l'histoire des Charles
les Ministres firent vne consultation d'extirper trois
vermines, comme ils les appelloyent, les Moines,
ceux de robbe longue, & la Noblesse. Ils en veulent
à mort aux Gentils-hommes, ils n'ayment que l'estat
populaire, en leur conscience ils tendent à se canton-
ner comme les Suisses, & à secoüer le joug de l'o-
beissance: Ils ont faict passer en article de foy qu'il n'y
auoit point de superiorité en l'Eglise, c'est vne plan-
che couchée pour passer au mespris de la Monarchie
seculiere, s'ils pouuoyent on verroit par tout le Royaume ce qui se voit dans la Rochelle ou le peuple a
desgradé le Maire : Si on pouuoit voir dans les pensées des Ministres on sçauroit d'estranges menées,
l'esgalité & parité entre les Pasteurs introduicte dãs l'E-
glise est d'vne pernicieuse consequence & peut estre tirée
en exemple pour l'Estat politicque, iugez quels troubles
& desordres peuuent naistre de la, dict le Roy d'Angle-

terre en son present Royal. Et au mesme lieu *les puri-*
tains (ou Caluinistes) m'ont souuent calomnié pour
ce seulement que i'estois Roy, ce qu'ils m'imputoyent a
grand crime.

M.

N'entre pas si tost en ceste matiere, Peyrot, il me
souuient que tu m'as dict qu'ils asseuroyent la repentence estre inseparable de la foy ; si cela est vray les
M M. auront faict reparation à nos deux Euesques
pour auoir ozé escrire d'eux faussement & effrontée-
ment, autrement ils sont infideles.

P.

Ouy infideles ils le sont, pires que Sathan. Quand
les autres se corrigent, ceux cy deuiennent plus per-
uers. En la pag. 25. & 26. ils les appellent feneants
& Euesques sans voix. Ie remercie Dieu qui les a
estourdis iusques a ce poinct d'appeller le iour nuict,
la lumiere tenebres, le trauail feneantise, le parler
silence.

Sont-ils Euesques sans voix M M. qui font retentir il y à si lõg temps les clameurs de l'Eglise de Bearn
par tous les coings de la Chrestienté? qui sont renõ-
mez és Cours des Princes baptisez pour deux grands
zelateurs de la loy de Dieu? Les noms de Maytie &
de Salettes feront honneur à l'histoire; ils sont admi-
rez en France pour leur long & continuel trauail a
reconquerir ce que vos violences leur ont rauy. Ils
ont charmé de raison & d'eloquence les oreilles des

Princes & des Seigneurs de ce Royaume, quand ils
ont imploré leur assistance, pour rebastir sur les ruy-
nes que vostre barbarie auoit faict.

Rapataille que vous estes, qui n'auez discours que
deuant vne rude & ignorante populasse, qui pissez
dix fois dans vos chausses, quand il vous faut faire vne
preschotte dans Pau, ou le bruict est, que vous estes
des ignorâts, & que les sermonaires Catholiques ont
manqué a Abadiot, comment auez vous ceste impudence d'appeller Euesques sans voix ceux qui parlent
aux Roys, aux Princes, aux Nonces, aux Ambassa-
deurs, aux domestiques, aux estrangers auec tant d'as-
sortissement, & de suffisance, qu'on les iuge estre nays
pour tout employ politicque & Ecclesiastique, & a-
pres cela, ames cagottes & morfondues, vous les appellez Euesques sans voix. Il faut braire ou mugir parmy vous autres pour auoir voix, ces proprietez vous
apartiennent, elles suiuent leur essence.

S'ils ne montent en chaire, les distractions que vostre rebellion leur donne en sont cause, mais ils verront vn iour le calme, ils iouyront de la bonasse, & les
brebis entendront la voix de leurs Pasteurs. Vous qui
estes boucs crestez n'entrerez pas au bercail, vos dis-
positions sont trop loing de ceste forme. Ceux qui
ont conuersé auec Monsieur l'Euesque d'Oleron sçauent qu'elle est la souplesse de son esprit, combien
riches & heureuses sont les inuentions qu'il a pour
son Clergé.

Quand à Monsieur de Lascar, l'Illustrissime Cardinal du Perron planette de mort aux heretiques de

France a rendu tesmoignage en ses escrits inexpugnables, & souuent en ses discours, qu'il auoit esté grandement, & fidellement, & doctement aydé de ses veilles, de son iugement, & de sa viuacité en l'estude qu'il fit pour confondre toute la huguenoterie en la personne du Capitaine de Saumur en la presence du grand Henry sur le theatre le plus exalté du monde à Fontainebleau.

Henry le grand le tenoit en l'ordre des meilleures ceruelles du Clergé de son Royaume, & racontant comme il faisoit souuent les bons & sçauans Prelars, qu'il auoit mis dans l'Eglise, il luy faisoit tenir rang bien auantageux en ceste litanie.

Le catechisme qu'il a composé n'estant que simplement Chanoine d'Eureux monstre qu'elle est la sincerité de sa foy, la dexterité de son esprit, la solidité de son iugement; Quand il voudra obliger la posterité, il peut elabourer pieces, qui iröt à costé des plus rares monuments que l'antiquité nous ait laissé.

Pour la chaire ceux qui ont eu ceste grace, comme moy, d'ouyr couler de sa bouche la parole de Dieu, rendront ce tesmoignage à la verité, qu'ils n'ont iamais ouy parler auec plus de grauité ny d'intelligence des mysteres de salut qu'a luy. C'est vn Ange qui paistrist la manne de ses instructions auec tel assaisonnement que les auditeurs n'en ont iamais auec redondance, iamais auec disette, tous auec suffisance, contentement & vtilité.

Ne les appelles donc plus Euesques sans voix, MM. vous seriez aysement desmentis. Cela est bon pour
vous,

vous vrais ignorâts & estourdis qui ne sçauez qu'vne
quinzaine de mots & autant de passages de la saincte
Escriture bien mal entendue, que vous tournez tousiours comme vne amolette dans la poele, comme les
gueux qui portent huict iours la chemise d'vn costé
& huict de l'autre, mais c'est tousiours mesme chemise. Telles sont vos badines compositions semblables
aux themes des escholiers de la troisiesme classe, qui
mettent soubz bourroüille vne douzaine de frases
qu'ils sçauent en tous subiects. Cuisiniers qui n'auez
qu'vne sorte de viande, qui comme le harlequin du
theatre qui n'auoit que prunes & pain, pain & prunes, n'auez que quelques petits mots redigez en lieux
communs & tirez pour la plus-part des escrits de du
Moulin ou i'ay trouué de rang trois & quatre lignes
de ce discours pedan, tesmoignage tres-grand de la
bassesse & hebetement de celuy qui l'a dressé auec
l'ayde de Polyanthea & de *moy Coro professeur en Grec
pour son plaisir*, qui luy a fourny en la pag 7. le dire
d'Aristophane.

Feneants les appellent ils encore. Sont ils feneants
d'auoir par leur sollicitude charitable releué l'oppro-
bre du nom Chrestien en Bearn? sont ils feneants de
veiller si soigneusemēt leurs peuples comme ils font,
les ayant ou des-enseuelis de l'ignorance, ou retirez
de l'indifference, ou rachetez de la captiuité de vostre heresie, iusques a tel nombre qu'ils ont, auec la
grace de Dieu, trēte Catholiques pour vn huguenot.

Sont ils feneants ayant diuisé par vne rare pruden-
ce leur Ministere en telle sorte, que l'vn poursuit au-

iourd'huy à Paris la sueur au front, la charité au cœur,
la raison en bouche, iustice contre vos oppressions,
sauue-garde contre vos violences, seureté contre vos
perduelliitez : l'autre a yeux ouuerts sur le troupeau
souffre constamment vos iniures, brise magnanime-
ment le flot de vos menaces, s'affermit inesbranlable-
ment contre vos attaques. Vray pasteur qui est prest
à donner son ame pour ses brebis. Sont-ils feneants?

Les grands courages ne moisissent iamais en oysi-
ueté. Voyez si depuis qu'ils ont esté mis en sentinelle
vous vous estes approché de leur bercaail sans qui-
ua-là? Vous voudriez qu'ils fussét ce que vous dictes,
affin de vous glisser dans leur parc pour deuorer leurs
troupeaux. C'est vostre mestier, MM. chetifs, de
croupir dans la feneantise, car pour ne parler de ceux
qui habitent aux villages, & si rendent tauerniers,
combien de fois vous ay-ie veus dans toutes les Villes de mon pays appuyans vos coudes, en posture de
maquereaux, sur les boutiques des tailleurs & cordonniers perdre trois & quatre heures en niayserie,
en scurrilité, en sots deuis. Ie m'asseure que si on prend
garde à vos habillemens, vous auez les coudes du
pourpoinct plus vsez de cest accroupissement oyseux
que le bas de chausses de vous agenouiller deuant
Dieu. C'est estre feneants que cela, & donner tesmoignage que voltre esprit n'est pas de plus haute taille
que ce que l'occupation demonstre. Les Euesques
quand ils seroyent sans empressement exterieur, ils
ne sont iamais sans entretien; ils conuersent de medi-
tation auec Dieu, negotient le salut de leurs peuples

par prieres dans la chambre, somme à l'Autel par ſa-
crifieᵣs. Vne belle nature n'eſt iamais ſans action:
Mais vous, maſſes lourdes, qui n'eſtes par nature que
le fumier de la patrie, ny par grace que payſans deſ-
guiſez, vous eſtes paralitiques à toute œuure gene-
reuſe, eſteints pour la vertu, & enſeuelis pour l'honneur. De ce diſcours, Meſſion, vous pouuez tirer
l'vne de ces deux conſequences, ou bien que les Miniſtres de Bearn ſont infideles de ne s'eſtre poiſ̃t re-
pentis en leur dernier diſcours de ce qu'ils auoyent
eſcrit eſtourdiement contre noſ deux Eueſques en
leur lettre ſeditieuſe du 28. de Iuillet 16 7. ou bien
que la ſoy peut eſtre ſans repentance, & qu'ainſi ils
ſont menteurs, fauſſaires, & ſathans.

M.

Dis moy a preſent, comment ſe ſont-ils blanchis
des iniures qu'ils auoyent eſcrit contre le Roy.

P.

En matieres graues il faut parler par ordre, & eſ-
couter auec attention. 1 ils n'ont rien reparti à ce que
vous auiez raporté que Luther les appelloit *fanati-*
ques, decepteurs, ſanguinaires, ſeditieux, meurtriers 2.
Ils n'ont rien reſpondu à ce que vous auiez auſſi raporté que le Roy de la grande Bretagne en ſon preſent Royal les nommoir *perfides, calomniateurs, pires*
que les bandoliers des montaignes, & pirates de Mer.
Cés coups ſont ſans reſpoſte, leur peſanteur & la
propre conſcience de leurs meffaits leur a eſtouffé la

deſſus la parole.

Quand a ce qu'ils auoyent comparé le Roy au pariure Lyſander, ils taſchent a ſe couurir en la pag. 28.
diſant que c'eſt nous & nos ſemblables, qu'ils ont
comparé a l'impieté de Lyſander & nó point le Roy.

Iamais il ne fut veu vn plus impudent deſguiſe-
ment, car ils parlent ſi formelement du Roy, qu'il eſt
impoſſible d'en deſtourner ailleurs non plus l'intention que la parole: & pour le faire voir nettement en
la pag. 6. du diſcours de Londres les M M. diſent que
*le Roy à preſent regnant a confirmé l'eſtat & l'ordre eſtabli
pour le maintieu de leur religion, par pluſieurs Ediƈts, Patentes & Declarations authentiques.* Et incontinent
apres ayant diƈt. que la main-leuée des biens Eccle-
ſiaſtiques eſtoit donnée aux Eueſques ils s'eſcrient
pag. 7. *Eſt ce ainſi que tant d'Ediƈts & Patentes ſont ob-
ſeruées, ſommes nous donc vn ſiecle de Lyſander qu'on
deceuoit les hommes par ſermens.* Ange tout le monde
ſi ce traiƈt peut conuenir en aucune façon aux Catholiques de Bearn, qui n'ont iamais faiƈt ny peu faire Ediƈts, Patentes & Declarations en teſt affaire. Or
ils l'appellent non ſeulement decepteur, mais decepteur apres ſerment, c'eſt à dire pariure.

Et affin, Menſion, que vous voyiez, que ça eſté
vne penſee digeree, & cuite de long temps. En l'e-
piſtre ſeditieuſe du 28. de Iuillet 1617. ſignee du Caſſe
& Ribal de la part de tous les Miniſtres & Anciens de
Bearn aux Egliſes de France, ils appellent la main-
leuée du bien Eccleſiaſtique, *foy publique violée, vaines
& inutiles promeſſes du Roy.* Et auteuers de ceſte lettre

en l'imprimé qu'ils ont faict pag. 32. il est dict que toutes les *Eglises de France s'en sont plainctes comme d'vne manifeste infraction des Edicts faits en leur faueur.* Le discours de Londres p. 7. l'appelle *procedure violente,* pag. 8. *renocation d'Edicts, Patentes & Arrests.* pag. 9. *manifeste tort & sublation seuere de leurs biens.* pag. 14. *despouillement de leurs biens contre droict & raison.* Que veulent dire toutes ces façons de parler en l'esprit & en la plume des M.M. sinon que le Roy est vn violateur de la foy publique, vn menteur à ses promesses, vn guetteur de pas, vn tyran qui vole ses subiects, & leur oste auec seuerité leur bien ? Quel Prince Chrestien n'aura horreur de ceste secte coniurée contre l'honneur des Roys ? Qui n'estimera la France mal-heureuse d'auoir en son sein vne pepiniere si funeste & si dangereuse à son repos ?

Touchant la comparaison du Roy au tyran Achab, ils l'aduoüent en la pag. 29. non pas, disent-ils, entant qu'il estoit tyran, mais en cecy seulement, que comme Nabod n'a poinct esté repris, d'auoir refusé à Achab sa vigne, ils ne doiuent aussi estre blasmez de de ne consentir, qu'on les des-possede du bien Ecclesiastique.

O serpens, vostre venin est par tout M.M. au premier & au second discours. Pourquoy est-ce que Nabod n'a poinct esté repris, que pour ce qu'il auoit refusé vne iniuste & tyrannique demande, l'iniquité d'Achab est sa iustification. Si Achab n'eust esté tyran en son desir, Nabod n'eust point esté iuste en son refus. Innocenter Nabod est rendre Achab coulpable. Ainsi lors que vous vous mettez au pair auec, Nibol pretendants mesme innocence, & excuse que luy, vous taxez euidemment la procedure du Roy a rendre à l'Eglise son bien, d'iniustice, de violence, de tyrannie. Aussi en l'Epistre & lieux sus mentionnez vous l'appellez *violateur de foy publique prometeur vain infracteur manifeste d'edicts, violent spoliateur du bien d'aultruy.* Et apres ces iniures qui partent du bon du cœur, & de plusieurs testes assemblées, car c'est de tous les MM. de Bearn & des Anciens congregez synodiquement, croyez si vous pouuez qu'ils ayment & honorent nostre Roy? O les sanguinaires, ils en sont plus mortels ennemis que le Crocodile de l'homme.

Quand au raport du Roy auec l'heretique Valentinian ils le confessent aussi en la pag. 30. non entant qu'il estoit heretique, disent-ils, mais entant que S. Ambroise n'a point esté blasmé de luy auoir refusé vn temple pour les Arriens.

Qui ne iugeroit que ces honnestes gens y vont à la bonne foy. ó perduelles? ils parlent miel & cachent le fiel, ils baisent de la bouche, & trahissent du cœur. Icy se trouue la mesme cauillation, qu'en l'exemple precedant. Si l'Empereur eust demandé vne chose raisonnable, l'Euesque eust esté reprehensible du refus, mais d'autât que ce qu'il demandoit, estoit contre l'honneur de Dieu & de son Eglise, le courageux & franc refus de S. Ambroise a merité louange & imitation. Or en l'affaire de la main leuée des biens Ecclesiastiques de Bearn, que le Roy donne, que fait-

il que rendre à Dieu ce qui luy apartiét. Voulez vous
faire croire au monde, ô MM. que c'est aussi mes-
chammét faict de faire iouyr l'Eglise paisiblement de
son bien, que de profaner vn temple & le rendre abo-
minable de contagion heretique?

Or Menion pour faire vne demonstration inexpu-
gnable qu'ils comparent nostre Roy à Valentinian
entant qu'il estoit heretique, les Ministres se mettent
dans les mesmes termes ou S. Ambroise estoit refu-
fant le Temple à l'Empereur. Or il est certain, que
l'Euesque luy refusoit entant que possedé par l'heresie il le demandoit pour les heretiques en la pag. 30.
*S. Ambroise ne peut consentir qu'vn Temple dedié pour
le seruice de Dieu fist conuerti a des vsages contraires,
aussi nous ne pouuons consentir qu'on sape le fondement,
sur lequel s'appuye l'estat externe de l'Eglise*, disent ils.
Que vut dire cela sinon que le Roy est vn heretique,
puis qu'ils supposent faussement que leur Eglise est la
vraye Eglise, & qu'ils disent en la mesme pag. *qu'il en
sape l'Estat & qu'il oste les aydes & adminicules necessaires à l'entretien & conseruation du seruice de Dieu.* Voire ils le font pire que l'heretique Valentinian, car celuy la ne demandoit qu'vn Temple materiel, & ils disent du Roy, *qu'il sape leur Eglise & ruine le seruice de
Dieu* pag. 30. & en la pag. 21. que *son Arrest pera l'E-
glise & la religion.* Helas & que peut-on dire pis d'vn
Turc? qu'a on iamais escrit pis des Nerons, des Dio-
cletians, des Iulians Apostats? Si la moindre de ces
iniures auoit esté dicte contre vn sauatier de Pau, le
Parlement auroit esté en vn zele merueilleux pour la

Iustice, & d'ou vient qu'il ne s'est point encore remué,
pour chastier ces Ministres, qui par vne insigne defection & reuolte toute manifeste, ont publié & pu-
blient en leurs escrits que le Roy est *vn pariure, vn*
tyran, vn heretique.

O Pauures Roys que seroit-ce de vous es païs ou
sont les M.M. Si les Anges tutelaires de vos sacrees
personnes & de vos Royaumes ne vous seruoyent de
muraille defensiue? Il est parlé en la saincte Escriture
de trois diables soubs les noms 1. *d'vne sagette volan-*
te. 2. *de l'affaire qui va de nuict* 3. *du deman de midy.*
Ce sont les Ministres, ils lancent au deuant des yeux
du peuple ces imprimez mutins, qui volent comme
fleches, & font bresche & impression de rebellion, &
desloyauté dans les esprits contre le Roy. Cependant
se faict vne trame de nuict, vn mal-heureux dessein
matche en tenebres, la rebellion se couue, ou se pre-
pare pour demander permission de faire vne assemblee politique, & apres incontinent paroistra le de-
mon du midy, la defection ouuerte, la reuolte publique, la guerre declaree, mais grand & inuincible Roy
ne craignez point, mille tomberont de vostre costé,
& dix mille à vostre dextre, & le mal ne s'approche-
ra point de vous, mais les perfides tresbucheront a
terre & receuront le iuste salaire de leurs trahisons
& felonie.

M.

Mais, Peyrot, d'ou ont peu se exerciter tant de rage
& Rauaillaguerie contre le Roy ces Ganelons?

P.

De Luther & de Caluin; Luther au liu. qu'il a faict contra. mandat. Imp. appelle les Roys *estourdis, furieux, bourreaux, brouillons, pourceaux, tyrans*, & la mesme exhorte ainsi le peuple. *Ne suiuez point les Princes contre les Turcs, car le Turc est dix fois & plus prudent & plus homme de bien que nos Princes.* Et au liu. de bello rustico *sçachez bons Princes que Dieu faict que vos subiects ne puissent, ny ne veulent, ny ne doiuent porter d'auantage vostre tyrannie.*

Caluin sur le 6. chap. de Daniel. *Auiourdhuy sans parler du passé nos Roys sont bestes, il nous faut desplorer leur hebetement : ils caressous force stupides semblables à eux mesmes.* Et la mesme. *Les Roys se priuent de leur puissance & authorité quanails s'esleuent contre Dieu, voire ils sont indignes d'estre censez au nombre des hommes, plustost faut il cracher sur leur teste que leur obeyr.*

Examinons ceste science, Mention. 1. ce sont les autheurs de la religion pretendue reformée. 2. ils tiennent rang d'Euangelistes en icelle. Tu as ouy cy dessus les eloges donnes à Luther; Beze en ses pourtraicts bien donne pas moins a Caluin, qu'il appelle *excellent instrument en la main de Dieu, & restaurateur de la vraye religion,* auec ceste apostrophe aux Eglises. *Vous Eglises du fils de Dieu continuez d'apprendre les liures de ce grand Docteur qui ayant la bouche close, ne laisse pourtant de vous enseigner encores auiourdhuy.*

Cecy supposé, si selon Luther les Roys Chrestiens sont bestes, s'ils sont pires que le Turc, si Dieu a exempté les subiects de leur puissance : il s'ensut que les Roys ne doiuent tenir non plus de rang que des roturiers, qu'on ne leur doit plus de reuerence qu'a des Turcs, plus de respect qu'a des bestes.

Si selon Caluin *les Roys sont stupides, indignes de nom d'hommes, decheus de leur authorité quand ils s'esleuent contre Dieu: a qui il ne faut obeyr, mais leur cracher au visage.* Si selon l'exhortation de Beze il faut apprendre les liures de ce grand Docteur qui enseigne encore auiourd'huy, de cest excellent instrument de Dieu, de ce restaurateur de la vraye religion. Il s'ensuit que la reuolte que font auiourdhuy les MM. de Bearn contre le Roy, est par principe de religion: Car ils supposent tres iniquement en la pag. 14. du discours de Londres & en la pag. 21. de l'innocence, que la main leuee du bien Ecclesiastique de Bearn donnee par le Roy aux Euesques & Catholiques du pais *est la perte de la religion & la ruyne de l'Eglise.* Or ce fondement mis, ils declarent par l'esprit de leur secte selon les enseignemens de Caluin que Beze veut que les Eglises apprennent 1. *que le Roy est indigne du nom d'homme.* 2. *qu'il est decheu de toute authorité & puissance.* 3. *qu'il ne luy faut plus obeyr.* 4. *qu'il luy faut cracher au visage & luy faire ignominie.*

Et apres ces impietez, viperes mal-heureuses, Ministres d'enfer vous voulez par des paroles d'hypocrisie & de desguisement oster au Roy le iuste ressentiment qu'il doit auoir de vos rebellions & cercles sanguinaires. O mon grand Roy ô mon Iuste Prince puis que ma condition bergere & montagnarde m'esloigne de l'ordre qu'il faut auoir pour approcher vo-

stre Maiesté, & que ie n'ay point paroles assez dignes
pour vous ouurir mon cœur en vn si grand subiect
que celuy que ie traicte, ie supplie tres-humblement
vostre Maiesté que, tandis que ie prie Dieu pour vostre prosperité & accroissement en grace, en iustice,
en honneur, en puissance, en victoires, en triomphes,
en Royaumes, vous veuilliez considerer auec attention les propos que le Roy de la grande Bretagne
tiedra à son fils en son present Royal parlant des huguenots, qui s'appellent Puritains en son Royaume.

*Gardez vous, mon fils, de ces Puritains, vrayes pe-
stes en l'Eglise & en l'estat, gens que nul bien faict ne peut
obliger, nul serment ne peut lier, ne respirans rien que ca-
lomnies & seditions. Ie proteste deuant Dieu, & comme si
ie faisois mon testament, auquel il n'y a lieu de mentir, que
vous ne trouuerez point parmy les voleurs des monta-
gnes, ou de la frontiere de plus signalées insolences & des-
reiglement, & d'auantage de perfidie que parmi ces esprits
ambitieux, & fantastiques. Ne souffrez doncque les prin-
cipaux d'entre eux facent leur demeure au pays, si vous
desirez de viure en paix, sinon que vous les vueilliez garder pour exercer vostre patience, comme fit le Philosophe
sa femme fascheuse.*

M.

Les Ministres ne trouuent-ils pas quelque buisson
pour se couurir?

P.

Menüion, vous deuinez tout, aussi dict-on que les

iellards sont quasi tous Prophetes. Les M M. pour ouurir leur malignité contre le Roy disent en la pag. 11. que Monseigneur le Cardinal du Perron osa dire aux Estats generaux de France que luy & tout ce qu'ils estoyent d'Euesques iroyent plustost a la mort que de declarer que le Roy ne peut estre desgradé par aucune puissance superieure ; Et a l'ombre de ces paroles qu'ils n'entendent poinct, ils veulent cacher leur peruersité & felonie. Laissons la question du droict, le Roy Tres-Chrestien & les Catholiques liez de mesme esprit de foy sçauent le centre dans lequel il s'en faut reposer. Quand au faict de Monseigneur le Cardinal du Perron & des Euesques de France, le poinct estoit de faire passer en article de foy, que les Roys ne peuuent estre deposez par l'Eglise en aucun cas, non pas mesme lors qu'ils se rendent heretiques & infideles, comme vn autre Iulian l'Apostat, & qu'ils se rendent ouuertement & violemment persecuteurs du nom & de la foy Chrestienne. A ceste proposition l'Illustrissime Cardinal & tout le Clergé de France disent qu'ils iront plustost a la mort, qu'a la definition de cest article pour plusieurs raisons ; mais entre autres pource que ceux qui vouloyent auoir part a la decision de ce poinct, estoient personnes laiques qui ne peuuent entrer en l'ordre des definiteurs des choses apartenantes a la foy, sans profaner la religion de temerité sacrilege. D'ailleurs d'autant que tous les Euesques de France ne font qu'vne partie de l'Eglise vniuerselle, laquelle seule priuatiuement à tout autre peut determiner auec infallibilité les articles de la

oy. Dequoy sert cest exemple de la magnanimité de
l'eglise Gallicane aimée & louée du Roy Tres-Chre-
tien pour amoindrir le demerite des seditieux de
Bearn. Si les Prelats de France ont dict qu'ils vou-
loient mourir plustost que rien entreprendre outre
leur pouuoir, quelle consequence est celle cy. Donc
il est permis aux M M. de Bearn d'estre des-obeissans
au Roy en vne affaire tres-iuste, tres-equitable, tres-
religieuse? Il faut auoir cinq lunes à la teste pour con-
clurre si estourdiement.

M.

Peyrot, fay moy vn racourcy du Genie des Ministres, que ie consideray en ma cabane, tandis que tu
iras battre la campagne.

P.

Meniion. La prophetie de S. Paul a preuenu & satisfaict pleinement à vostre demande en la 2. Ep. à
Timoth. c. 3. *Scache, dict-il qu'es derniers iours il sur-
uiendra des temps fascheux. Car les hommes seront
amateurs d'eux mesmes, auaricieux, vanteurs, orgueilleux, diffamateurs, ingrats, profanes, sans affection naturelle, sans loyauté, calomniateurs, incontinens,
cruels, hayssans les bons, traistres, temeraires, enflez, ayant
l'apparence de pieté, mais ayant renié la force d'icelle.*
Voila le vray & naturel visage de tous nos M M. Meniion. Comparez les vn à vn à ce qu'en escrit l'Apo-
stre, & vous verrez que les siecles passez de l'Eglise
n'ont encore eu l'accomplissement d'aucune predi-

G iij

&ricn plus defcouuert & fenfible que celui-cy.

Ils font amateurs d'eux mefmes, fans aucun efmoy
charitable de leur prochain: pourueu qu'ils fubfiftent,
ils n'entrent iamais en inquietude de la conuerfion
du pecheur. Que s'ils aymoient rien hors d'eux mefmes, n'auroient il pas percé les Alpes, & les Pyrenees
pour femer l'Euangile dás les Italies, & les Efpagnes,
n'auroient ils pas faict quelque deffein de conquefte
fainóte fur l'Orient & l'Occident? ne leur feroit-il pas
venu en penfée de defcendre aux Antipodes pour y
faire retentir le nom de Chrift? Ils n'ayment rien
qu'eux mefmes, mais qu'ils ayent la panfe pleine, la
comere au cofté, & la feruante pour diftraction, les
les gourrects font contents.

Ils font auaricieux defmefurément & fans regle.
Cela n'eft-il pas pitoyable que preftant cent efcus ils
en prennent par auance dix le moins, & à l'ordinaire
douze, & quelque fois quinze fans cômpter les char-
retees de bois, les poules & chapons qu'ils fe font
apporter au iour qu'ils promettent l'argent, au iour
qu'on leur mene les cautions, au iour que le Notaire
paffe l'obligation. Le Miniftre Formalaques ce corps
tremblant de Cain, ce vifage d'Ifcariot, qui creua de
rage de ce que Iefus-Chrift eftoit adoré dans Orthes
ne prefcha-il pas publiquement, que les vfures qu'il
exerçoit auee vne pire tyrannie que celle du Turc,
eftoient legitimees par l'intention qu'il auoit de tirer
fes enfans de la mendicité?

Ils font vanteurs. Qui n'a ouy parler vn Miniftre,
n'a iamais ouy la gamme de la bauarderie entiere, s'il

s'agist de la science ils disent l'auoir toute & en toutes langues; & neantmoins ce sont les plus lourds
berdots de la terre: Et pour n'é ignorer point la verité
il faudroit ouyr les disputes qu'ils font, quand leurs
pretendus Theologiens soustienént leurs theses. C'est
la farse la plus nigaude, l'esbat le plus faquin qui se
puisse iamais voir sur le theatre de Zani Cornuto.
Vrayes pecores, & encore se pleignent ils auec vn helas de consistoire en la pag 5. de leur pretcedue innocence *de ce que quelque homme de lettres ne les a atta-
qués.* Le ieu ne seroit-il pas beau, des Aigles auec les
mouches, des Lyons auec les asnes, des fretillans esprits Catholiques auec ces flasques, qui pour tout
merite ne sont que chetifs Ministres. S'il s'agist des
forces de leur party ils remuent l'Angleterre, l'Irlan-
de, l'Escosse, les Allemagnes, la Flandre comme vn
chien sa queüe. *Babau.* ombre à faire peur aux enfans;
souplesse de ioüenr de gobelets pour amuser le peuple. En effect les Ministres sont descriez cóme fausses
doublettes, leur parti est malade des poulmons, il de-
croist, il s'abbaisse, son suaire est a demi cousu.

Ils sont orgueilleux. Bonne opinion d'eux mesmes:
Il faut sçauoir leur capacité par le raport de trois beli-
stres de Belloc ou de Salies, ils vous asseureront que
leurs M M. sçauent le Grec, l'Hebrieu, le Syriaque, le
Chaldaique, il n'y à rien qu'ils ignorent : honorable
tesmoignage de gens qui n'ont iamais sçeu lire n'y
escrire, suffisantes cautions pour establir la reputation
d'vn Ministre que trois fouette-cheuaux, qui sont plus
cheuaux, que ceux qu'ils fouettent. Et ie vous asseure,

Menison, qu'en tout le Bearn il n'y a pas six Ministres qui osassent parler latin deuant les escholiers de la seconde classe des Iesuistes; & neant-moins ce sont ces buffles, qui veulent corriger les Athanases, les Basiles, les Gregoires, de Nazianze & de Nisse, les Chrysostomes, les Cyprians, les Ambroises, les Hierosmes, les Augustins, desquels ils n'entendent point les seuls mots.

Ils sont diffamateurs à outrance. Vous l'auez veu contre le Roy, Menison, vous l'auez veu contre nos Euesques: vous le voyez tous les iours côtre le corps de l'Eglise vniuerselle, qu'ils taxent d'idolatrie calomnieusement. Le diable n'eust iamais trouué la pierre philosophale de la malice pour diffamer sans ces mysterieux artisans qui font la quintessence des ordures de tous les reprouuez qui ont iamais esté au monde.

Ils sont ingrats. Ne le sont ils pas aux bien-faicts qu'ils ont receu du Grand Henri se reuoltans contre sa geniture, contre son fils, contre nostre Roy. O l'execrable parole d'vne bouche ingrate & maudite qui a esté ouye à trauers vne fente ily à quelques iours. *Si le party a moyen de donner quatre mille hommes, le Bearn se defendra,* c'est à dire contre le Roy. Ne sont-ils pas ingrats contre nostre patrie qui les a nourris de la delicatesse de ses mammelles, & à presẽt ils la veulẽt exposer au pillage de l'estrãger, au glaiue & à la discretion inhumaine du soldat, plutost que de permettre qu'elle se soubs-mette à son Prince, qu'elle reçoiue ses Edicts, qu'elle obeisse à ses volontez.

Ils sont profanes. N'ont ils basti par vn vsage sacrilege, des pierres de nos Eglises leurs granges & re-
traicts. Profanes ils le sont desguisants la saincte Escriture en mots qui seruent aux putains : oyez ceste
compagnone qui se plainct du tort qu'elle a receu
de quelques droles en leur Pseaume 35. de Marot.

> *D'autant qu'a tort ils m'ont dressé*
> *Leur engin dedans vn fossé*
> *Leur engin dis-ie, ils ont à tort*
> *Appresté pour me mettre à mort.*

Ne sont ils pas profanes de faire chanter dans leurs
mousquées, aux Damoiselles, le iuste ressentiment
qu'elles ont de la reformation de tous excés, & su-
perfluytez. Ps. 131.

> *Seigneur ie n'ay point le cœur fier*
> *Ie n'ay point le regard trop haut*
> *Et rien plus grand, qu'il ne me faut*
> *Ne voulus oncques manier.*

Sans affection naturelle. C'est vn erreur de croire
qu'il y aye de bons Ministres. I'entends quelque fois
quelques Catholiques de la vieille simplicité qui disent qu'il y a de bons diables de Ministres : de bons
diables ie l'accorde : de bons Ministres, le Ciel & la
Terre le nient. La Ministrerie leur oste tout sentimēt,
toute tendreté, toute cordialité : leurs ames sont du-
res, ils ayment comme chiens enragez, comme tau-
reaux furieux, comme des ours offencez : ils rient
pour piper, ils acolent pour assainer le coup; ils embrassent pour estouffer. Leurs dents ne sont gueres
loing de leur lecheure. Les renards appriuoisez sont

H

les freres auec les poules domeſtiques, mais s'ils ne
ſont ſoigneuſement veillez, ils les traitent ſelon leur
inclination. Voila pourquoy S. Paul aduertiſt Timo-
thée. *Deſtourne toy de telles gens.*

Sans loyauté : Les M M. reſſemblent aux ſorciers,
ou plus ils promettent de ne nuire pas, c'eſt lors qu'ils
ſont plus de mal ; ou plus ils iurent la foy, c'eſt lors
qu'ils trompent plus vilainement. Il y a quelque ſort
malin parmy les cabales du conſiſtoire. Quand vn
Miniſtre vous auroit promis auec ſerment de la damnation de ſon ame, de vous tenir ſecret & couuert en
quelque choſe, incontinent qu'il eſt au conſiſtoire,
au colloque, ou au ſynode, il faut qu'il vous decele
par vne neceſſité de mal-faire, qui eſt en leur ſecte.
Point de loyauté parmy eux. Et c'eſt en ceſt endroict ou
pluſieurs laſches Chreſtiens manquent, relaſchants
beaucoup de choſes de la fermeté de leur religion
pour s'accommoder politiquement auec les Miniſtres auec confiance, que s'il y arriuoit quelque trouble, ou guerre, ils pourroient eſtre ſauuez par leur
moyen. Et quel loup ſauua iamais les agneaux, quel
renard les poules, quel milan les pouſſins? quand les
Miniſtres vous promettent, ô Catholiques, foy &
loyauté de Paſteurs auec vn doux accent de reformez hypocrites, ſçachez qu'ils ſont des cruels bou-
chers, qui flatent doucement de leur main la toiſon
de la brebis, mais c'eſt pour luy planter le couteau
dans la gorge.

Incontinents. Voicy leur element: Outre ce que
i'en ay dict & que ie me reſerue à dire: Le bougre

Faugé n'auoit-il pas auec luy vne vielle *pute*, qui se moqua de luy auec les trois *benettes*, qu'elle luy fit acroire que sa femme deuoit auoir en l'attirail, si elle estoit pucelle. Les cris de ce Moine incestueux ne furent-ils pas entendus la premiere nuict de ses nopces *Que nou ere donzeille: nou, nou, nou esta virgen*, a cause que son priape gros & long comme celuy d'vn grand mulet de coffres ny auoit rencontré les trois *benettes*, ny non plus de resistance que s'il fust entré dans vne ville a portes ouuertes pour les charretes? Pendant que la nouuelle espousée gemissoit dans le lict trauaillée du haras de cest estalon extremement fougeux, maudissant le iour & la nuict de ses nopces sacrileges, cest Apostat outré de douleur & en furié de ses sales passions crie à pleine teste & d'vn gosier euasé. *Que nou ere donzeille: nou, nou, nou esta virgen*, iusques à tant que son grand amy la Porte barbier vint au secours pour voir s'il y auroit rien de disloqué, & ayant entendu le mystere des *benettes* luy rendit raison naturelle du relaschement des vertebres, & le contenta auec telle satis-faction de force monde, qui y auoit açouru, que changeant de note les yeux tournez vers le Ciel, la bouche vers le lict de sa cheré femme, les genoux a terre, les bras en l'air, il s'escrie en vray penitent. *O peccadore de my! esta douzeille, esta virgen: O peccadore de my.*

Cruels. Qui ne le sçait? Combien de Peres de familles y a-il viuants encore auiourdhuy qui ont veu esgorger leurs parens par l'authorité & commandement des Ministres, Nay, Lascar, Oloron, Morlaas,

Arthes, Orhes, toutes les Villes & bourgades de Beam ont baigné dans le sang que leur inhumanité barbaresque a espandu. Les champs ont esté engraissez des corps humains comme du fumier. O Catholiques ils ne sont pas souls des meurtres exercez contre vos ancestres, s'ils ne charpentent en l'assemblée d'Orthes le banc pour vous hacher. Noblesse tenez vous en defiance, les aduis que plusieurs d'entre vous auez receu, sont veritables.

Hayssans les bons. Ils ne veulent que gens de sac & de corde: leur auersion de ceux qui pryent Dieu est irreconciliable. Ils appellent les deuots, hypocrites; les simples estourdis; les religieux cafards. Si entre les Ecclesiastiques il y a quelque desbauché, c'est en leur predicament le plus gentil Prestre du monde. La bóne vie leur est insuportable: Et la raison est d'autāt qu'ils craignent que le peuple les mesprise à cause qu'ils n'ont rien d'approchant à la candeur & innocence des mœurs Chrestiennes. Le feu Baron d'Arros dict vn iour dans le sang & le carnage des Catholiques qu'il faudroit en fin tourner le glaiue contre les M M. qui des leur commencement ne valoyent rien, & faisoient mourir ceux, desquels les plus noires iniquitez estoient meilleures que toutes leurs actions Ministeriales.

Traistres. A Dieu qu'ils ont abandonné, à l'Eglise qu'ils ont violée: au Roy a qui ils auoient iuré obeissance, & s'en sont dedicts: a leurs compatriotes auec qui ils mangent & boiuent & leur preparent le couteau. Catholique ne te fie point en Ministre, ceux qui font perfides à Dieu, le feroit à fes enfans: Et c'eft vne foibleffe d'efprit de croire qu'ils ayent confcience pour les hommes, puis qu'ils n'en ont pas pour Dieu.

Temeraires. Ne le font ils pas iufques au bout d'a-uoir faiét voler les Ediéts du Roy, que Monfieur Renard enuoyoit de d'Acqs à Pau? Dauoir follicité par efcrit public toutes les Eglifes de France à fe liguer auec eux pour faire la guerre au Roy ? d'auoir fongé a vn Roy nouueau pour eux? de tenir les peuples dans le Bearn tous armez, pour fouftenir leur felonie? de publier que le Roy eft vn pariure, vn tyran, vn here-tique? Cefte temerité n'eft point excufable foubs le nom de furieux. Ils le font volontairement, & quand ils ne le feroient que de male rage qui les eftrangle, quel inconuenient trouuez vous, Meffieurs de Pau, a faire paiftre les corbeaux fur les carcaffes de ces fe-ditieux, & faire cognoiftre au Roy, que rien ne vous peut feparer de l'obeiffance que vous luy deuez, & que vous preferez l'execution de fes iuffions à cin-quante mal-heureufes teftes de Miniftres tignus?

Enflez. Ils le font de hardieffe perduelle fous l'ap-parence de pieté, & perfonne ne fe met en deuoir de leur leuer le mafque, perfonne ne leur oze dire mot. Il n'y a que moy pauure Peyrot, qui ne me foucie non plus de leur enfleure, que de la tumeur d'vn cra-paut courroucé : qui ne fals non plus d'eftat de leurs bouffées, que du fifflement des ferpents d'Afrique, qui fçay qu'il ne me peut arriuer mal, qui ne foit fatal à la ruine des Miniftres : Car ie fuis vn Phœnix im-mortel, mes cendres font fecondes, & fi on auoit faiét

H iij

mal a Meniion, comme on m'a dict, qu'il en auoit esté
parlé, il autoit dict d'estranges nouuelles apres sa re-
surrection. A quoy ie ne faudray nullement, si on me
me laisse aller a franches coudées dans toute l'esten-
due de mon pays. *Et nou toquy la corde qui nou bouille
au dy lo seing.*

FIN.

www.ingramcontent.com/pod-product-compliance
Ingram Content Group UK Ltd.
Pitfield, Milton Keynes, MK11 3LW, UK
UKHW022143070726
13613UKWH00003B/1412